PLAIDOYER

POUR

LE Sr BOUCHER DESNOYERS,

Commiſſaire des Gardes-du-Corps & Suiſſes de MONSIEUR, Frere du Roi, Accuſateur & Intimé:

CONTRE

LE Sr DUBREUIL,

Ancien Notaire au Châtelet de Paris, Accuſé & Appellant.

A PARIS,

Chez PRAULT, Imprimeur du Roi, Quai des Auguſtins, à l'Immortalité.

M. DCC. LXXXVI.

Les mêmes circonſtances qui ont obligé le Défenſeur du ſieur Deſnoyers à plaider avec la plus grande briéveté une affaire que ſon développement entier eût rendu immenſe, ne lui ayant pas permis d'écrire un Mémoire dans l'intervalle de tems qui reſtoit de ſa Plaidoirie au Jugement, il a pris le parti de faire imprimer ſon Plaidoyer tel qu'il l'avoit prononcé, pour remettre de nouveau ſous les yeux des Magiſtrats les faits de la Cauſe, & les fixer invariablement ſur leur réſultat.

PLAIDOYER

TOURNELLE CRIMINELLE.

Audience du Rôle.

POUR le sieur BOUCHER DESNOYERS, Commissaire des Gardes-du-Corps & Suisses de MONSIEUR, Frère du Roi, Accusateur & Intimé.

CONTRE le sieur DUBREUIL, ancien Notaire au Châtelet de Paris, Accusé & Appellant.

MESSIEURS,

QU'UN homme, accusé d'un délit qu'il n'a pas commis, paroisse avec confiance devant la Justice; qu'il s'offre lui-même aux recherches auxquelles elle a cru devoir le soumettre; qu'il aille jusqu'à exiger qu'elle porte le flambeau sur sa vie entiere; que loin de précipiter sa justification, il ait la sagesse de la retarder, pour la rendre plus éclatante; qu'il vous en présente ensuite les preuves, non pas avec une hardiesse insultante, mais avec une fermeté noble; qu'il ne se laisse point effrayer par des préventions que l'intérêt ou la calomnie auront excitées; qu'il attende respectueusement l'Arrêt qui doit rétablir sa réputation compromise, & qu'il espere de cet Arrêt même, le retour de l'opinion publique, qui accompagne toujours la Justice; je conçois, Messieurs, & cette espérance, & ce courage dans le malheur, & cette sécurité dans l'accusation, & cette paix de conscience qui résiste à tout, ou défie tout; je sens que c'est le privilége de l'innocence, de se suffire ainsi à elle-même, de ne rien redouter des loix ni des hommes, de compter sur sa propre force, de compter aussi sur le tems qui dissipe enfin les erreurs, & de s'abandonner sans crainte aux événemens qui n'ont pas la puissance de l'abattre, lors même qu'elle ne parvient pas à les maîtriser.

Mais qu'un homme qui a souillé pendant quatorze ans l'exercice d'une profession qui exigeoit la plus scrupuleuse délicatesse, par des prévarications effrayantes; qu'un homme que l'opinion de ses Concitoyens, dont il a été le scandale, a dénoncé hautement aux loix, & qu'elle leur dispute encore; qu'un homme accusé à la fois de plusieurs délits, dont un seul pourroit justifier le sort qu'il éprouve, convaincu d'abus de confiance, de suppression de minutes, de banqueroute frauduleuse, d'usure, de faux; poursuivi par vingt familles qu'il a ruinées, décrété cinq fois de prise de corps, vienne aujourd'hui, affrontant la haine publique, bravant la justice des Tribunaux, & étouffant le cri même de sa conscience, vous demander, Messieurs, non pas de le juger, mais d'empêcher qu'il ne puisse l'être; que redoutant les lumieres qu'apporteroient sur ses nombreuses prévarications, des recherches que vous même avez ordonnées, il ose vous proposer de les arrêter pour lui faire grace; qu'il espere obtenir de vous l'évocation de cinq procédures; qu'il s'oublie au point de prononcer dans ce ſanctuaire, le mot *innocence* & que s'efforçant de vous attendrir ſur les rigueurs d'une captivité qui n'a pas commencé aſſez-tôt, il vous parle de ſes malheurs en préſence même de ſes victimes : c'eſt là, je vous l'avoue, MESSIEURS, ce qu'il m'eſt impoſſible de me perſuader, & ce dont je doute encore, même après l'avoir entendu.

En feroit-il donc aujourd'hui des procédures criminelles comme des conteſtations civiles ! feroit-on parvenu à mettre en problême les principes de l'honneur comme ceux de la juriſprudence ? ne faudroit-il pour expier ſes délits, que les aggraver ? ſuffiroit-il même d'être accuſé pour être innocent ? enfin, MESSIEURS, exiſteroit-il un moyen de vaincre l'opinion, & de vous en impoſer à vous même à force d'audace ?

On a peut-être le droit d'élever ces queſtions, MESSIEURS, quand on a entendu la défenſe du ſieur Dubreuil.

Vous vous rappellez ſûrement, encore, les propoſitions qu'il a ſoutenues.

Suivant lui, on n'a pas un ſeul reproche à lui faire ; il n'a pas commis dans ſa vie le moindre délit ; il ne s'eſt pas élevé contre lui, dans ſa Compagnie, pendant le cours de quatorze années, une ſeule plainte ; il n'y a d'autres coupables ici que ceux qui l'accuſent ; tous les peres de famille qu'il a ruinés, ſont autant de calomniateurs : le ſieur Boucher Deſnoyers ſur-tout, eſt le plus inſigne de tous.... Il ſe plaint d'avoir été réduit à l'aumône, & il n'a rien perdu de ce qu'il avoit ; il impute au ſieur Dubreuil de s'être approprié ſa fortune par des manœuvres, & c'eſt au ſieur Dubreuil ſeul, qu'il en doit la conſervation. Le ſieur Deſnoyers eſt un homme ingrat, qui méconnoît les ſervices qui lui ont été rendus par le ſieur Dubreuil. Ils ont ſans doute contracté enſemble : mais le ſieur Dubreuil en avoit le droit ; il n'étoit pas ſeulement Notaire, il étoit encore Citoyen : il y avoit deux hommes en lui, le particulier & l'homme public. C'eſt le particulier qui a tout fait. Ce qu'il a fait même eſt exempt de blâme, &, en ſuppoſant que le ſieur Deſnoyers en eût éprouvé quelque préjudice, il n'étoit pas autoriſé à prendre contre lui la voie criminelle ; tout au plus pouvoit-il prendre par la voie civile, des lettres de reſciſion contre les actes qu'il avoit ſouſcrits. Et encore ces lettres de reſciſion n'auroient-elles pas même été fondées, puiſqu'il étoit majeur ; mais il n'avoit au moins que ce moyen là. En un mot, le réſultat de toutes leurs diſcuſſions n'eſt qu'un compte à faire : c'eſt une balance ; il faut mettre d'un côté ce que le ſieur Deſnoyers a fourni, de l'autre ce qu'il a reçu, & voir ce qui reſte.

Voilà, MESSIEURS, ce que le ſieur Dubreuil vous a plaidé, à vous qui êtes ſes Juges ; ce qu'il vous a plaidé même de ſang froid, & ce que votre devoir vous a obligé d'entendre, comme le mien m'oblige de le réfuter.

Malheureuſement pour le ſieur Deſnoyers, MESSIEURS, cette réfutation me ſera trop facile.

Le ſieur Dubreuil n'a guères fait que ſe livrer aux déclamations les plus vagues ; moi au contraire, j'articulerai des faits, & je vous rendrai compte des preuves qui les établiſſent.

Il vous a parlé des ſervices qu'il avoit rendus au ſieur Deſnoyers ; moi, j'en mettrai l'état ſous vos yeux.

Il vous a fait le tableau de ſon opulence, moi je vous ferai celui de ſa miſere.

En un mot, MESSIEURS, pour vous faire bien apprécier,

la défenſe du ſieur Dubreuil; je n'aurai beſoin que de mettre ici en contraſte ce qu'il a fait avec ce qu'il dit.

Je ne vous demande pas d'écouter le ſieur Deſnoyers avec intérêt; je ſuis ſûr que ſa cauſe vous en inſpirera.

Quand vous ſaurez que ce malheureux pere de famille, qui eſt né de parens honnêtes, qui en avoit reçu un patrimoine conſidérable, qui n'a jamais fait aucune dépenſe folle, qui a toujours vécu, au contraire, avec économie, eſt réduit aujourd'hui, pour avoir connu le ſieur Dubreuil, à habiter dans ſa maiſon, la chambre de ſon ancien laquais, au cinquieme étage; qu'il ne ſubſiſte que des bienfaits de quelques amis, que ſa pauvreté n'a pas éloigné de lui; & qu'il n'eſt garanti des attaques des créanciers qui lui ont été donnés par le ſieur Dubreuil, que par un Arrêt de ſurſéance, qu'il a obtenu de la juſtice du Roi, & qu'il leur oppoſe encore à regret, vous jugerez, Messieurs, lequel des deux, de l'accuſateur ou de l'accuſé, mérite ici la pitié que vous accordez aux hommes infortunés, ou la rigueur avec laquelle vous traitez les hommes coupables.

Ce n'eſt point de la confiance du ſieur Deſnoyers dans le ſieur Dubreuil, Messieurs, qu'eſt née la liaiſon qui s'eſt formée entr'eux, & qui a eu des ſuites ſi funeſtes pour le ſieur Deſnoyers. Cette liaiſon eſt le fruit d'une circonſtance qui a été produite elle-même par le haſard, & dont le ſieur Dubreuil n'a pas manqué de tirer parti.

Le ſieur Deſnoyers avoit pour vingt-ſept mille cinq cens livres de privilége ſur la charge de Me Dondey, Notaire, lorſque celui-ci vendit cette charge au ſieur Dubreuil, en 1771.

Le ſieur Dubreuil eut occaſion de voir le ſieur Deſnoyers, à raiſon même de ce privilége ; il le pria de lui rendre le même ſervice qu'à Mᵉ Dondey, & de ne pas exiger le payement de la ſomme qui lui étoit due : le ſieur Deſnoyers y conſentit, MESSIEURS, & ce fut par cet acte de complaiſance que commença entr'eux cette malheureuſe liaiſon qui s'eſt continuée enſuite pendant quatorze ans.

Le ſieur Dubreuil devint donc ainſi le Notaire du ſieur Deſnoyers.

Celui-ci lui donna bientôt toute ſa confiance, ſans prévoir juſqu'à quel point il auroit un jour à s'en repentir.

Il auroit peut-être dû cependant le prévoir dès les premiers momens; car la premiere choſe que le ſieur Dubreuil exigea de lui, ce fut qu'il lui remit un état détaillé de ſa fortune, & tous les effets qui la compoſoient, en lui faiſant entendre qu'il en prendroit ſur lui l'adminiſtration, & qu'il ne manqueroit pas d'occaſions de ſe procurer des collocations plus avantageuſes.

C'étoit même là, en général, ſon uſage avec ſes cliens, & on ne peut pas l'accuſer d'avoir préciſément diſtingué le ſieur Deſnoyers.

Il cherchoit d'abord à connoître toutes leurs reſſources, ſe faiſoit enſuite remettre par eux, tous les titres de leur fortune, ſous prétexte de la gérer, choiſiſſoit dans cette fortune ce qu'il y avoit de meilleurs effets, en diſpoſoit à ſa volonté & à leur inſçu, ſe les approprioit, tantôt en totalité, tantôt en partie ; faiſoit ſous le nom de ſes cliens une multitude d'affaires, leur arrachoit une quantité incroyable de ſignatures, ſe faiſoit donner toutes ſortes de procurations, en abuſoit pour acheter ou emprunter ſous leur nom, ſans les en inſtruire; leur ſuſcitoit même ſouvent des procès ſans les prévenir, & quand il les avoit entierement ruinés, il falloit encore qu'ils lui euſſent obligation; & il appelloit cette étrange adminiſtration, comme vous l'avez entendu, MESSIEURS, des *ſervices.*

Quoiqu'il en ſoit, le ſieur Dubreuil exigea donc du ſieur Deſnoyers, qu'il lui remît d'abord l'acte de partage qu'il avoit fait avec ſa famille, & qui conſtatoit les différens effets dont il pouvoit être propriétaire, & enſuite ces effets même.

Le ſieur Deſnoyers les lui remit en effet, MESSIEURS, & une circonſtance bien ſinguliere, c'eſt que ſon acte de partage eſt reſté entre les mains du ſieur Dubreuil depuis cette époque; il a même été trouvé ſous les ſcellés, & il fait partie aujourd'hui de la deſcriptionqui ſe fait, en conſéquence de votre Arrêt.

Muni de cet acte & de tous les titres du ſieur Deſnoyers, & connoiſſant alors bien parfaitement toute ſa fortune, qui pouvoit s'élever à la ſomme d'environ cent ſoixante quelques mille livres, le ſieur Dubreuil ne tarda pas à s'emparer peu à peu de la plus grande partie de cette fortune; fit contracter au ſieur Deſnoyers une foule d'engagemens onéreux; abuſa de ſon nom pour une multitude d'opérations, dont il lui cachoit également l'importance & le réſultat; & il a fini par ne lui laiſſer, pour le remplir de plus de cent mille livres de ſon patrimoine qu'il a diſſipées, que des billets ſous ſeing privé, par leſquels il s'eſt engagé à lui faire la rente de ce capital qui n'exiſte plus.

Ici, MESSIEURS, permettez moi pour être plus clair, & en même tems plus rapide de vous préſenter le tableau, en quelque ſorte chronologique, non pas de toutes les opérations que le ſieur Dubreuil a fait avec le ſieur Deſnoyers, ou plutôt ſous le nom du ſieur Deſnoyers, car il me faudroit pluſieurs audiences pour vous les faire connoître toutes, mais des opérations les plus eſſentielles. Je ſupprimerai même pour être plus court, tous les détails qui ne ſeront qu'acceſſoires, je ne vous rendrai compte que des réſultats.

Le ſieur Deſnoyers avoit acheté en 1773 une charge de Lieutenant de la Connétablie pour une ſomme de trente mille livres, & il lui en avoit coûté huit mille livres pour les proviſions. Il avoit employé à l'acquiſition de cette charge d'abord les vingt-ſept mille cinq cents livres qu'il avoit ſur le ſieur Dubreuil, & enſuite dix mille cinq cents livres que le ſieur Dubreuil lui avoit avancées.

En 1774, il la revendit pour une ſomme de quarante-deux mille livres, qui fut payée en entier par l'acquéreur, à l'exception ſeulement de deux mille huit cents livres qui ſont encore dûes.

Sur les trente-neuf mille deux cents livres qui étoient payées par l'acquéreur, il ne devoit revenir au ſieur Dubreuil que la ſomme de dix mille cinq cents livres qu'il avoit fournie au ſieur Deſnoyers pour lui faciliter ſon acquiſition. Le reſte appartenoit au ſieur Deſnoyers.

Eh bien, MESSIEURS, les trente-neuf mille deux cents livres furent touchées en entier par le ſieur Dubreuil, & après s'être rembourſé par ſes mains des dix mille cinq cents livres qu'il avoit fournis, il s'appropria le ſurplus.

En 1773 encore, le ſieur Deſnoyers acheta une maiſon de campagne pour une ſomme de vingt mille huit cent livres en comptant les droits ſeigneuriaux.

Il fondit pour payer cette acquiſition, un contrat qu'il avoit ſur les Inſpecteurs des vins, de dix-mille livres, emprunta

prunta ſix mille livres au ſieur de Beaufort, deux mille quatre cents livres au ſieur Dubreuil, & les deux autres mille quatre cent livres, il les fournit lui-même à l'aide de quelques reſſources qu'il avoit économiſées.

Trois ans après le ſieur Deſnoyers revendit cette même maiſon de campagne au ſieur de Fontenai pour la ſomme de vingt-un mille cinq cents livres.

Sur les vingt-un mille cinq cents livres, ſix mille livres furent rembourſées au ſieur de Beaufort, trois mille livres prêtées par le ſieur Deſnoyers au nommé Quinſon; douze cents livres placées ſur la tête du ſieur de Bainville, & le ſurplus, MESSIEURS, fut reçu par le ſieur Dubreuil.

En 1774 le ſieur Deſnoyers reçoit de M. Boucher ſon frere, Conſeiller au Châtelet, le rembourſement d'une ſomme de dix-huit mille livres.

Ce rembourſement paſſe tout entier dans les mains du ſieur Dubreuil, à la réſerve ſeulement de cent piſtoles dont il conſent à laiſſer jouir le ſieur Deſnoyers.

Ce ne ſont pas là des allégaticns, MESSIEURS, ce ſont des faits, & vous en verrez tout-à-l'heure la preuve écrite.

Je continue à ſuivre l'ordre des dates.

Le ſieur Deſnoyers étoit propriétaire d'un contrat ſur M. de Montalembert, de la ſomme de cinquante mille livres. Ce contrat, quoique ſujet aux Impoſitions royales, étoit ſans contredit le meilleur effet que poſſédât le ſieur Deſnoyers; ſa famille y étoit même très-attachée. Le ſieur Dubreuil projetta de l'en dépouiller; en conſéquence, ſous prétexte que les Impoſitions royales étoient pour lui une charge onéreuse, il l'engagea à déléguer ce contrat au sieur Vernier fils, reçut lui même les cinquante mille livres qui en étoient le prix, & qui lui furent payées par le sieur Vernier, appliqua cette somme à son propre usage, & ne voulut pas seulement donner de reconnoissance du contrat au sieur Desnoyers.

Cette délégation, MESSIEURS, se faisoit en 1775, & devoit durer jusqu'au 5 Octobre 1776 : c'étoit convenu par le contrat même.

En 1776 voici ce qui arrive.

Le sieur Desnoyers achete une charge de Commissaire des Gardes-du-Corps & Suisses de MONSIEUR, pour une somme de quinze mille livres. Il emprunte ces quinze mille livres à M. Boucher son frere, pour payer sa charge. Il délégue à son frere pour sûreté de cette somme, le contrat de cinquante mille livres, jusqu'à concurrence des quinze mille livres qu'il lui empruntoit, & en stipulant que cette délégation ne commenceroit à avoir d'effet que postérieurement au 5 Octobre 1776, époque à laquelle devoit finir celle qui avoit été faite du même contrat au sieur Vernier fils.

Vous observerez, MESSIEURS, que ce fut le sieur Dubreuil qui reçut en sa qualité de Notaire, l'acte qui se passa à cette occasion entre les deux freres, & qui avoit la confiance de tous les deux. Il connoissoit donc bien leurs conventions; il étoit bien instruit de l'époque à laquelle devoit commencer la délégation faite à M. Boucher. Il devoit donc se montrer exact à rembourser le 5 Octobre 1776, les cinquante mille livres dues au sieur Vernier fils, afin que la sûreté promise à M. Boucher pût avoir son effet dès ce moment même. Cependant, MESSIEURS, non-seulement le ſieur Dubreuil ne rembourſe pas les cinquante mille livres du ſieur Vernier fils, le 5 Octobre 1776, comme il s'y étoit engagé ſolemnellement; mais après avoir effectué ce rembourſement le 22 Avril 1777, & quoiqu'au moins alors le contrat fût bien affecté à M. Boucher pour les quinze mille livres qui lui étoient dûes, & ne fût plus libre que juſqu'à la concurrence de trente-cinq mille, il engage de nouveau ce même contrat, le 18 Avril 1778, au profit du ſieur Vernier pere, pour les cinquante mille livres en totalité, l'engage ſous le nom du ſieur Deſnoyers & à l'inſçu des deux freres, s'en approprie encore le montant, dépouille ainſi M. Boucher de ſa ſûreté, conſtitue le ſieur Deſnoyers débiteur envers lui de quinze mille livres, & ne lui donne pas ſeulement encore de reconnoiſſance.

Je ne fais pas de réflexions, MESSIEURS, parce que ce fait n'en a pas beſoin. Je pourſuis le récit des actes.

Le ſieur Deſnoyers avoit des contrats ſur la Flandre maritime pour une ſomme de vingt-huit mille livres.

En 1778 il reçoit le rembourſement de treize mille livres ſur ces contrats. Il comptoit payer avec cette ſomme la plus grande partie des quinze mille livres qu'il devoit à M. Boucher; mais le ſieur Dubreuil, lui, avoit d'autres vues, il crut qu'il valoit mieux qu'il s'appropriât ce rembourſement en entier; & en conſéquence il n'en laiſſa pas un ſol à la diſpoſition du ſieur Deſnoyers.

Et ici, MESSIEURS, je me rappelle une allégation que s'eſt permis le ſieur Dubreuil à l'occaſion de ces contrats qu'il eſt néceſſaire que je réfute pendant que j'y ſuis.

Il a prétendu que le ſieur Deſnoyers avoit fait ſur ces contrats des pertes considérables, & il a voulu par-là diminuer le montant de l'actif que s'attribuoit le sieur Desnoyers & qu'il possédoit effectivement, afin d'affoiblir toujours le reproche de dissipation qu'il sent bien lui-même qu'il a mérité.

Voici, MESSIEURS, le fait en deux mots; en vous l'expliquant, j'aurai suffisamment répondu au sieur Dubreuil & confondu son allégation.

Le sieur Desnoyers avoit sur la Flandre maritime deux contrats; l'un étoit de vingt mille livres & l'autre de huit.

Tous les deux lui avoient été donnés dans le partage qu'il avoit fait avec sa famille, & étoient entrés dans son lot.

Sous le ministere de M. l'Abbé Terray, ces contrats furent réduits à la moitié par une opération de finances.

En supposant qu'il n'y eût eu aucun moyen pour le sieur Desnoyers d'obvier à cette réduction qui lui ôtoit tout-à-coup quatorze mille livres sur vingt-huit; cette perte, vraiment énorme, n'eut jamais été supportée par lui tout seul; elle seroit retombée aussi sur ses freres & sœurs, dont les lots étoient les garants naturels du sien, & comme ils étoient quatre, il n'en auroit lui-même souffert que le quart; mais il n'a pas même, MESSIEURS, éprouvé cet inconvénient.

Ces contrats avoient été garantis par la Compagnie des Chevaux Légers.

La famille du sieur Desnoyers s'adressa donc à cette Compagnie, & lui demanda le remboursement de la totalité des contrats.

La Compagnie fit des difficultés. Il fallut plaider; elle fut vaincue. Un Arrêt la condamna au remboursement, & elle remboursa en effet en entier le contrat de vingt mille livres.

Malheureusement on n'avoit pas compris dans la demande qu'on lui avoit faite, le contrat de huit mille livres, en sorte que sur celui-là elle proposa une composition qui fut acceptée par la famille du sieur Desnoyers. La compagnie paya une partie du contrat & la famille perdit le reste. Mais cette perte qui n'alla en tout qu'à deux mille livres, & qui fut supportée par les freres & sœurs, par portions égales, réduisit celle du sieur Desnoyers en particulier à *cinq cents livres* seulement, & la rendit ainsi presque comme insensible.

Vous pouvez juger à présent, MESSIEURS, de la bonne-foi du sieur Dubreuil, quand il prétend que le sieur Desnoyers a fait sur ces contrats des pertes considérables; & si, lorsqu'il s'est permis cette allégation dont il connoissoit lui-même la fausseté, il n'a pas cherché sciemment à en imposer à votre justice.

Je reviens aux actes.

En 1780, la famille du sieur Desnoyers vend une maison située rue Saint-Honoré pour la somme de trente-deux mille cinquante livres.

Cette maison appartenoit aux quatre freres & sœurs, & entrait dans le partage qu'ils avoient faits de leur patrimoine.

L'acte de vente est retenu par le sieur Dubreuil.

La portion du sieur Desnoyers, dans le prix de cette maison, étoit de huit mille douze livres; le sieur Dubreuil reçoit cette somme, se l'approprie, fait donner quittance par le sieur Desnoyers, à l'acquéreur dans le contrat même, s'empare aussi des parts des autres co-partageans, leur donne à la place des délégations, dont l'une n'est pas même encore remboursée, & dont les autres ne l'ont été que par des circonstances qu'on a saisies, mais sur lesquelles on n'avoit pas le droit de compter.

En 1781 le sieur Desnoyers avoit encore en commun avec ses freres & sœurs deux actions sur la Compagnie des Indes, & quatre parties de rentes sur les Aides & Gabelles.

Le sieur Dubreuil l'engage à provoquer le partage de ces deux objets.

Il le provoque.

Les actions sont vendues, & les rentes partagées.

La portion du sieur Desnoyers se trouve composée de douze cents soixante-dix-sept livres d'argent, & d'un contrat sur les Gabelles, de cent livres de rente, au principal de deux mille livres; mais qui, dans le partage, n'est évalué que quatorze cent quatre-vingt livres qui étoient le taux de la place.

Le sieur Dubreuil se fait donner par le sieur Desnoyers les douze cents soixante-dix-sept livres, lui surprend aussi le contrat, & vend ce contrat l'année d'après pour son propre compte.

Le sieur Desnoyers avoit un autre contrat de treize mille livres, sur les deux sols pour livre, qui produisoit quatre pour cent.

En 1782 le sieur Dubreuil l'engage encore à vendre ce contrat, en reçoit le prix; promet au sieur Desnoyers un privilége de pareille somme, sur la charge de Guidon des Chevaux Légers, & n'a jamais ni remboursé le contrat ni fourni le privilége.

Le ſieur Deſnoyers avoit un dernier contrat ſur la Flandre maritime, de la ſomme de quatre mille livres, le ſieur Dubreuil le lui fait encore vendre, en reçoit également le prix, lui promet encore un privilége, & manque encore à cette promeſſe.

Enfin, MESSSIEURS, le ſieur Deſnoyers avoit eu occaſion d'emprunter une ſomme de ſeize mille livres, le ſieur Dubreuil a encore touché cette ſomme & l'a convertie à ſon propre uſage.

Vous voyez, MESSIEURS, combien pour épargner votre tems, j'abrége le reçit que je ſuis obligé de vous faire des déprédations du ſieur Dubreuil & des malheurs du ſieur Deſnoyers. Je vous préſente, pour ainſi dire, les faits tout nuds, mais dans cet état même, j'ôſe dire qu'ils ſuffiſent pour exciter toute votre indignation contre un homme qui, abuſant de la confiance que ſon miniſtere devoit inſpirer, & trahiſſant les intérêts d'un pere de famille qui étoit ſon client, n'a fait ſervir l'aſcendant qu'il avoit ſur lui qu'à dépouiller peu-à-peu ce malheureux pere de famille de toute ſa fortune, à l'engager à la verſer toute entiere dans ſes mains, à l'entretenir conſtamment dans l'opinion qu'il la plaçoit à ſon avantage, & à conſommer ainſi en peu d'années ſa ruine totale.

Fixez-vous maintenant, MESSIEURS, ſur le montant de toutes les ſommes dont je viens de vous préſenter le détail.

Je les additionne ces ſommes, & je trouve qu'elles s'élevent à plus de cent ſoixante mille quelques cents livres.

Et pour que le ſieur Dubreuil ne diſpute pas ſur ce réſultat; pour qu'il ne prétende pas y échapper par des déclamations d'audience; pour qu'il ne nous réponde pas, comme il l'a fait jufqu'ici, avec des paroles, le fieur Defnoyers le fera imprimer, en remettra un état à chacun de vous, MESSIEURS, &, comme il ne redoute pas les critiques du fieur Dubreuil, il le lui fera fignifier auffi à lui-même.

Voilà donc un capital de plus de cinquante mille écus, c'eft-à-dire, tout le patrimoine du fieur Defnoyers paffé tout entier dans les mains du fieur Dubreuil, fon Notaire, celui qu'il avoit chargé de fes intérêts, fon dépofitaire de confiance, & abforbé par ce Notaire, fous prétexte de placemens ou de privilégés qui n'avoient, fuivant lui, pour objet que la sûreté du fieur Defnoyers, & qu'il ne lui a jamais fourni, malgré fes promeffes.

Voulez-vous à préfent, MESSIEURS, favoir ce que le fieur Defnoyers a reçu du fieur Dubreuil fur ce capital de cent foixante mille quelques cent livres? Le voici, le calcul en fera bientôt fait:

Il a reçu en 1774 la fomme de quatre mille quatre çens livres pour un rembourfement fait au fieur Loifeau.

En 1778, feize mille livres.

En 1779, une fomme de fix mille livres, placée à l'inftigation du fieur Dubreuil, fur la tête du fieur de Peire, qui eft mort dix jours après cette collocation.

En 1781, la fomme de quatorze mille livres, placée fur la tête de fes enfans.

En 1782, celle de deux mille fix cens livres:

Total quarante-trois mille livres.

Ainfi, MESSIEURS, fur un patrimoine de plus de cent foixante mille quelques cens livres, devenu l'objet, ou plutôt la proie des diffipations du fieur Dubreuil, le fieur Defnoyers n'a reçu de lui que la fomme de quarante-trois mille livres;

le

le reſte il le lui doit encore; & pour l'en remplir, il lui a fait l'année derniere, & le même jour, pour cent quelques mille livres de billets ſous ſeing privé, par leſquels il s'eſt engagé, non pas comme vous le croiriez peut-être, Messieurs, à lui remettre ſon capital, mais à lui en faire ſeulement la rente.

C'eſt-à-dire, qu'à la place de tous ces contrats, de tous ces effets exigibles, de tout cet actif ſi précieux, de toute cette fortune ſi préſente poſſédée par le ſieur Deſnoyers, le ſieur Dubreuil, obéré aujourd'hui de dettes, pourſuivi par une foule de créanciers, ſaiſi dans ſes biens, ſaiſi dans ſes meubles, lui donne, non pas des billets, mais des promeſſes, non pas des eſpérances de recouvrer les ſommes qu'il avoit perdues, mais l'intérêt ſeulement de ces ſommes.

Voilà, Messieurs, la véritable ſituation du ſieur Deſnoyers, & ce n'eſt pas là un tableau d'imagination; c'eſt ſa poſition actuelle, c'eſt cette opulence dont le ſieur Dubreuil vous a tant parlé, ces quatre cens quelques mille livres qu'il vous a dit que le ſieur Deſnoyers avoit dans ſes mains qu'il s'obſtinoit à tenir *fermées*, ces propriétés immenſes qu'il a ſuppoſé devoir le remplir & bien au-delà de toutes les ſommes qu'il peut réclamer. Oui, Messieurs, encore une fois, c'eſt la poſition, ou pour mieux dire, l'extrêmité à laquelle ſe trouve réduit aujourd'hui le ſieur Deſnoyers.

Ce n'eſt pas même encore tout, & le ſieur Deſnoyers ſeroit trop heureux d'en être réduit à cette poſition-là; il n'auroit pas de biens, à la vérité; mais au moins il n'auroit pas de dettes: au lieu qu'il n'a pas de biens, & qu'il a des dettes immenſes que le ſieur Dubreuil lui a fait contracter.

Voici, Messieurs, l'apperçu rapide des engagemens du ſieur Deſnoyers:

Le ſieur Dubreuil l'a fait obliger par des acquiſitions faites ſous ſon nom.

Envers la dame Vernier, pour quarante mille livres.

Envers le ſieur de Saint-Gilles, pour huit mille livres.

Envers le ſieur Pidanſat, pour quatre mille livres, créance découverte depuis la plainte.

Envers les héritiers de la dame de Launay, pour ſoixante mille livres.

Envers le ſieur Barbier, pour dix-neuf mille livres.

Envers le ſieur de Lahaye, pour cinq mille livres.

Envers le ſieur Delille, pour cinquante mille cinq cens liv.

Envers le ſieur Havard, pour vingt mille livres.

Envers la dame Cadier, ſœur du ſieur Dubreuil, pour trente mille livres.

Envers le ſieur Tripier, Procureur, pour deux mille livres, que ce Procureur réclame pour des frais de procédures que les acquiſitions faites par le ſieur Dubreuil, ſous le nom du ſieur Deſnoyers, ont occaſionnés.

Total, 238,500 livres d'engagemens (1).

Il a pour faire face à ces engagemens, en actif qui lui eſt abandonné aujourd'hui par le ſieur Dubreuil,

1° Une créance ſur le ſieur Rayet, de cinquante mille livres.

2° Deux maiſons, iſle Saint-Louis, achetée quarante-quatre mille livres, & trois mille livres de droits ſeigneu-

(1) Nous ne comprenons pas dans le montant de ces engagemens, cinquante autres mille livres dues auſſi par le ſieur Deſnoyers à la dame de Vernier & mentionnées par erreur dans la plainte, parce que la dame Vernier a pour ſe remplir de cette créance particulière, le contrat de cinquante mille livres ſur M. de Montalembert, qui lui a été engagé par le ſieur Dubreuil.

riaux, que le ſieur Dubreuil a porté, je ne ſais pourquoi, à ſoixante-neuf mille livres, & que je porte, moi, à quarante-ſept mille livres.

3° Une Charge de Secrétaire du Roi, vendue par la dame Launay cent neuf mille livres, mais dont le ſieur Dubreuil a vendu le titre au ſieur Denis dix-huit mille livres, & qui ne peut être porté ainſi que pour 91,000 livres.

Total 188,000 livres.

Déduiſez maintenant, MESSIEURS, ces 188,000 livres de propriété ſur les 238,500 livres d'engagemens que le ſieur Dubreuil a fait contracter au ſieur Deſnoyers, reſte 50,500 livres, dont le ſieur Deſnoyers demeure encore débiteur.

Le ſieur Dubreuil ajoute, à la vérité, à cet état une rente de huit mille cinq cent livres de capital ſur le Prince Guémené.

Une créance de huit mille ſix cens livres ſur le ſieur Bayard.

Une obligation du ſieur Lafon de vingt mille livres.

Mais, 1° cette rente Guémené qui provient de la vente qu'a faite le ſieur Deſnoyers de la ſurvivance de ſa Charge de Commiſſaire des Gardes-du-Cosps de MONSIEUR, eſt deſtinée à remplir M. Boucher d'une partie de la ſomme de quinze mille livres, qui lui eſt due par le ſieur Deſnoyers, à raiſon même de cette Charge, & que nous n'avons pas porté dans ſes dettes.

2° Le ſieur Deſnoyers n'a aucune créance ſur le ſieur Bayard : celle dont parle le ſieur Dubreuil appartient au ſieur Lafon, ſon beau-frere, & la preuve en eſt dans un acte du 11 Avril 1783, paſſé devant lui-même, que nous rapportons.

3° Enfin la prétendue obligation du ſieur Lafon eſt une chimere. En voici l'hiſtorique en deux mots :

En 1781, le ſieur Lafon arrive de l'iſle de Bourbon où il avoit une habitation, & propoſe au ſieur Deſnoyers de s'intéreſſer dans un armement qu'il vouloit faire en retournant dans cette iſle. Le ſieur Deſnoyers l'accepte ; il s'engage à lui fournir une ſomme de vingt mille livres ; & par le même acte, le ſieur Lafon s'oblige lui-même de lui rembourſer cette ſomme à une époque déterminée. Mais l'armement n'ayant pas eû lieu, ces obligations reſpectives en ſont reſtées là.

Ainſi, MESSIEURS, il faut en revenir au calcul que je faiſois toute-à-l'heure.

Cent quatre-vingt huit mille livres de propriété, pour faire face à deux cens trente-huit mille cinq cens livres d'engagemens ; voilà la poſition du ſieur Deſnoyers.

Je ne vous parle pas d'une foule de procurations, de quittances, de tranſports, de contre-lettres, de billets au porteur en blanc, en un mot, d'actes de toute eſpece que le ſieur Dubreuil a fait ſigner ſous différens prétextes au ſieur Deſnoyers, & qui ſont demeurés en ſa poſſeſſion. Une partie de ces actes a déja été trouvée ſous les ſcellés ; le reſte ne tardera pas à l'être ; & ce ne ſera pas ſans ſurpriſe, MESSIEURS, que vous apprendrez qu'ils s'élevent peut-être à plus de deux mille. Je me borne à vous préſenter le réſultat net & précis de la ſituation dans laquelle ſe trouve aujourd'hui le ſieur Deſnoyers, parce que c'eſt ce qu'il y a de plus important actuellement dans l'affaire, & que c'eſt ſur ce point ſur-tout que vous devez fixer vos regards.

Permettez-moi maintenant, MESSIEURS, de réfléchir un moment avec vous ſur l'état d'un malheureux pere de famille, qui n'a fait que ce qu'on fait tous les jours dans la ſociété, qui a donné sa confiance à un Notaire, qui l'a chargé de ses intérêts, qui a mis sa fortune entiere dans ses mains, & qui finit par se voir dépouillé de tout ce qu'il possédoit, constitué débiteur de sommes qu'il n'a pas reçues, exposé aux poursuites de créanciers qui ne sont pas même les siens, & précipité dans un abîme dont il lui est impossible de se retirer.

Vous devez être bien étonnés, Messieurs, vous qui vivez éloignés du monde, qui n'avez que l'habitude de vos devoirs, qui, au milieu même des jouissances de la fortune, savez conserver la simplicité de vos mœurs; vous devez être bien étonnés de voir un homme chargé du ministere le plus important qu'on puisse exercer dans la société; un homme rigoureusement tenu d'être délicat, obligé à une probité même sévere, trahir ainsi ce qu'il y a de plus sacré au monde, qui est la confiance, & se jouer sans pudeur de tout le patrimoine d'un homme qui a des enfans.

Mais, je vous prie de considérer que le sieur Dubreuil n'étoit pas né riche, & qu'il avoit la plus forte ambition de le devenir; qu'il avoit contracté de bonne heure l'habitude d'un luxe scandaleux, qu'il étoit livré aux plaisirs; que rien ne lui coûtoit pour satisfaire ses passions, ou même ses goûts; qu'il se prodiguoit à lui-même toutes les commodités de la vie; qu'il avoit une voiture, non pas pour la vieillesse de son pere, comme il vous l'a dit, mais pour son usage; enfin qu'il se permettoit des dépenses de toute espece, & de celles qui éclatent & de celles qui n'éclatent pas, & qui ne sont pas les moins fortes: vous sentez, Messieurs, que les émolumens de sa profession ne suffisoient pas pour soutenir un ton qui convenoit si peu à la modestie que cette profession même lui prescrivoit. Il falloit bien qu'il usât de moyens coupables.

Il vous a dit, pour échapper ſur ce point à votre cenſure, ou plutôt pour la prévenir, que le citoyen qui bleſſoit les bienſéances de ſon état, n'en devoit pas de compte à la loi.

Non ſans doute, un citoyen ne doit pas, en général, de compte à la loi de l'adminiſtration qu'il fait de ſa propre fortune & de l'uſage auquel il l'applique; mais quand c'eſt la fortune d'autrui qu'on ſacrifie à ſes diſſipations ou à ſes caprices, quand on ne l'a acquiſe cette fortune qu'en abuſant de ſon miniſtere, qu'en trahiſſant les intérêts de ſes cliens, qu'en dépouillant de malheureux peres de familles, croyez-vous qu'on ne doive pas de compte à la loi, lorſqu'on eſt traduit devant elle, de la maniere dont on a vécu?

Si vous n'aviez à cet égard aucun reproche à vous faire, ſi votre conduite eût toujours été réglée, ſi vos mœurs euſſent été ſimples, vous employeriez aujourd'hui votre vie comme un argument en votre faveur : j'ai donc le droit moi-même par vos écarts de vous l'oppoſer comme un argument contre vous.

Mais je reviens MESSIEURS, au ſieur Deſnoyers.

Je vous parlois toute-à-l'heure de la poſition cruelle dans laquelle il s'étoit trouvé, & il n'a longtems ſu lui-même comment il devoit faire pour en ſortir. Il voyoit ſa fortune preſqu'entiere dans les mains du ſieur Dubreuil, & il n'avoit pas ſeulement de lui de reconnoiſſances. En 1784, enfin preſſé par les inſtances de ſa famille, le ſieur Deſnoyers ſe haſarda de lui demander un compte. Le ſieur Dubreuil éluda d'abord; mais tourmenté par le ſieur Deſnoyers, que ſa famille avoit menacé de faire interdire, il commença en effet ce compte, & ſe déclara ſon débiteur d'une ſomme de quarante quatre mille livres.

Reconnu ainſi créancier du ſieur Dubreuil par lui-même

pour cette somme, le sieur Desnoyers renouvelle alors ses poursuites pour l'engager à achever leur liquidation. La famille vouloit qu'il parvînt à se procurer au moins des titres. Il insiste donc auprès du sieur Dubreuil : le sieur Dubreuil s'y refuse pendant près d'un an. Enfin, Messieurs, au bout d'un an, obsède par le sieur Desnoyers, qui étoit continuellement à sa porte, le sieur Dubreuil le fit venir un jour dans son cabinet (c'étoit le 5 Mars de l'année derniere) l'y enferme sans vouloir souffrir qu'il prît de conseils ni de témoin ; & là, après lui avoir fait signerune multitude d'actes particuliers, de quittances, de contre-lettres, dont il s'obstina à cacher l'objet au sieur Desnoyers, & avec menace que s'il ne les signoit pas, il déclareroit ne lui rien devoir, il le force d'accepter en paiement de toutes les sommes qu'il avoit reçu de lui, & qu'il lui devoit, dix promesses différentes sous seing-privé, par lesquelles il s'engage à lui passer constitution de rente pour un capital de cent seize mille quelques cens livres, sans compter les garanties particulieres, pour lesquelles il s'est engagé encore envers lui.

Il seroit trop long, Messieurs, de vous lire toutes ces promesses, trop long même de les analyser (1). Le sieur Desnoyers aura l'honneur de les mettre sous vos yeux ; & vous y verrez jusqu'à quel point le sieur Dubreuil a su y porter les précautions artificieuses, les déguisemens, & je pourrois dire cet esprit de fraude qui a toujours présidé là à toutes les opérations dont il a rendu le sieur Desnoyers ou l'instrument ou la victime.

(1) On les trouvera toutes à la suite de ce Plaidoyer.

Ces promesses du sieur Dubreuil, Messieurs, n'étoient pas sans doute pour le sieur Desnoyers un paiement, ni même l'espérance d'un paiement; mais c'étoit toujours un aveu & un titre pour réclamer, & dans la situation du sieur Desnoyers qui le moment d'avant, n'avoit pas seulement de titre, c'étoit encore beaucoup. Mais ce n'étoit cependant pas là ce qui inquiétoit le plus sa famille. Le sieur Dubreuil avoit dans ses mains une foule de procurations du sieur Desnoyers en blanc, des billets au porteur aussi en blanc, pour des sommes énormes; des blanc-seings, même sur du papier de Notaire, que le sieur Dubreuil lui avoit surpris, il ne sait plus comment, mais dont l'abus pouvoit être du plus grand danger. Sa famille exigeoit qu'il réclamât tous ces actes du sieur Dubreuil, & qu'il le forçât de les lui remettre, ou qu'il portât plainte. Le sieur Desnoyers sollicita donc vivement le sieur Dubreuil, pour qu'il se dessaisît de ses papiers & les lui remît; mais il ne put jamais l'obtenir, il eut beau le menacer de le livrer à la Justice pour tous les faits si graves qu'il avoit à lui reprocher, le sieur Dubreuil se joua de cette menace, & demeura nanti des papiers.

Vous observerez, Messieurs, qu'à cette époque, il s'étoit déja élevé dans le Public les plus violens soupçons contre le sieur Dubreuil; que la Compagnie des Notaires s'étoit transportée chez lui dès le mois de Janvier, pour vérifier l'état & le nombre de plusieurs minutes qu'il avoit soustraites; qu'une dame Barberi avoit aussi porté plainte contre lui en soustraction de pièces, & en abus de confiance; car quoique le sieur Dubreuil vous ait dit hardiment, Messieurs, que c'étoit le sieur Desnoyers qui l'avoit le premier appellé dans les Tribunaux, & qui avoit soulevé les autres accusateurs

teurs, le fait eſt que ce n'eſt pas le ſieur Deſnoyers, que c'eſt la Dame Barberi qui a dénoncé la premiere le ſieur Dubreuil à la Juſtice, que c'eſt elle qui avoit porté une premiere plainte en Septembre 1784, ſur laquelle elle avoit tranſigé avec lui, & qui en porta enſuite une ſeconde en Février 1785 & qui exiſte encore. Ainſi cette allégation eſt encore un menſonge du ſieur Dubreuil; toutes ces plaintes & tous ces ſoupçons au reſte alarmerent vivement la famille du ſieur Deſnoyers. D'un autre côté, pluſieurs minutes qui concernoient le ſieur Deſnoyers paroiſſoient ne pas ſe trouver dans l'Etude du ſucceſſeur du ſieur Dubreuil: ſa famille étoit dans les plus cruelles inquiétudes; & c'eſt au milieu de ces inquiétudes, Messieurs, qu'elle apprend tout-à-coup que, malgré les réclamations du ſieur Deſnoyers, malgré la plainte de la dame Barberi, malgré l'éclat qu'avoit fait le procès-verbal des Notaires, malgré les ſoupçons publics, le ſieur Dubreuil s'étoit permis le 2 Avril, d'abuſer d'une des procurations qu'il avoit en blanc du ſieur Deſnoyers; qu'il avoit mis cette procuration ſous le nom de Marcellot ſon laquais; que ſous ce nom il avoit fait obliger le ſieur Deſnoyers pour une ſomme de quatre mille livres au profit de Rouſſel, ſon autre laquais; que par un acte particulier, Rouſſel avoit déclaré ne rien prétendre dans cette obligation, & que c'étoit le ſieur Dubreuil qui ſous un nom qu'il avoit fait laiſſer en blanc dans la déclaration même de Rouſſel, ſe propoſoit de profiter de cette ſomme, alors, Messieurs, on ne crut plus devoir aucune eſpece de ménagement au ſieur Dubreuil; & après avoir commencé ſur le champ par remédier à l'abus qu'il avoit fait de la procuration du ſieur Deſnoyers, la famille du ſieur Deſnoyers lui fit porter plainte contre lui en abus de confiance & en ſuppreſſion de minutes.

Cette plainte, rendue devant le Commiſſaire Fontaine, MESSIEURS, eſt du 7 Avril.

Sur cette plainte, information, décret de priſe de corps, transport du Commiſſaire chez une dame Gruel, logée rue Bourbon-Villeneuve; & chez qui le ſieur Dubreuil avoit recélé des minutes qu'il vouloit clandeſtinement détourner au préjudice de ſon ſucceſſeur, & des effets actifs qu'il vouloit ſouſtraire à ſes créanciers. Verbal de ces minutes & de ces effets. Dépôt au Greffe.

Bientôt après, MESSIEURS, ſe découvre un autre projet du ſieur Dubreuil non moins frauduleux. On acquiert la preuve que par une foule d'actes fictifs & de tranſports ſimulés, il avoit cherché à enlever à ſes créanciers une ſomme de cent dix mille livres qui lui étoit due ſur ſa Charge par ſon ſucceſſeur. Plainte alors en banqueroute frauduleuſe de la part du ſieur Deſnoyers. Ordonnance du Lieutenant-Criminel, qui ordonne qu'il ſera fait état & deſcription de tous les papiers du ſieur Dubreuil, en préſence de ſes accuſateurs. Cette Ordonnance, MESSIEURS, épouvante le ſieur Dubreuil. Il feint que ſes papiers renferment des ſecrets ſur leſquels ſes accuſateurs n'ont pas le droit de jetter les yeux, comme s'il n'avoit pas dû s'en repoſer ſur le Magiſtrat du ſoin de dérober à leurs regards tout ce qui pouvoit leur être étranger. Il vient vous préſenter ces frayeurs à vous-même; il vous défere par un appel l'Ordonnance qu'il redoutoit; & vous, MESSIEURS, qu'on ne parvient pas à allarmer ainſi par des terreurs imaginaires, vous ordonnez que l'Ordonnance du Lieutenant-Criminel ſera exécutée;

qu'il y aura en conféquence une defcription des papiers du fieur Dubreuil; que cette defcription portera fur tous ces papiers, & non pas feulement fur une partie, comme le fieur Dubreuil vous le demandoit, & qu'elle fera faite par le fieur Lieutenant-Criminel lui-même, quoique le fieur Dubreuil vous demandât injurieufement pour ce Magiftrat des Commiffaires pris parmi vous.

Permettez-moi ici, MESSIEURS, de vous dire que vous avec déjà recueilli le fruit de votre fageffe.

Cette defcription à laquelle le fieur Dubreuil s'oppofoit fi vivement, & qu'il a retardée ou interrompue fous tant de prétextes eft déjà en partie exécutée malgré fes efforts, & déjà elle a apporté des lumieres terribles fur les prévarications de tout genre qu'il a commifes, non pas comme *particulier*, ainfi qu'il l'a dit, mais comme *Notaire*; & combien d'autres n'en apportera pas ce qui refte encore à décrire !

Cependant, MESSIEURS, au grand fcandale de la juftice le fieur Dubreuil vous propofe de l'arrêter cette defcription, il vous propofe même bien plus, MESSIEURS, il vous propofe d'évoquer cinq décrets de prife de corps (1); il vous propofe de le déclarer innocent, de déclarer ceux qui le pourfuivent & qu'il a ruinés des calomniateurs, de les condamner à des réparations envers lui, en *cent mille livres* de dommages & intérêts, &c.

Voilà la caufe qu'il vous a plaidée.

Moi, MESSIEURS, j'en plaide une bien différente.

Je viens vous demander l'exécution d'un de vos Arrêts.

(1) Le fieur Dubreuil a été décreté de prife corps à la requête du fieur Defnoyers, du fieur de Saint-Léger & du nommé Gauterot; il l'a été auffi à la requête de M. le Procureur du Roi au Châtelet, dans deux autres Procédures, & toutes ces Procédures ont été réunies par un Arrêt de la Cour du mois de Janvier dernier.

Je vous demande l'achevement d'un des actes les plus importants que vous ayez jamais ordonné.

Je vous demande le réglement extraordinaire d'une procédure qui a pour objet de vous mettre à portée de décider solemnellement si un homme qui a exercé dans cette capitale les fonctions de Notaire pendant quatorze années, a été pendant ces quatorze années le plus coupable des prévaricateurs, ou au contraire un homme de bien?

Je regrette, MESSIEURS, que le tems qui m'avertit de me réduire, parce qu'il vous presse vous-même de juger, ne me permette pas de discuter cette cause vraiment publique comme elle devroit l'être, & comme elle devroit l'être, sur-tout devant vous; j'oserois vous faire envisager la grande leçon qui peut en résulter pour cette classe particuliere d'hommes qui tient dans ses mains la fortune d'un peuple immense, & qui a la liberté d'en disposer pour ainsi dire arbitrairement. Je vous parlerois de la nécessité de contenir au moins par le frein des loix & la crainte que peut inspirer leur vengeance, ceux pour qui leur conscience où la délicatesse n'en seroit pas un. Je vous parlerois de cette multitude de délits en quelque sorte fugitifs & qui doivent d'autant plus inquiéter votre prévoyance, qu'il est plus facile de les commettre & même de les déguiser. Je vous parlerois du respect sacré qui est dû à une confiance obligée, de la nécessité d'en accroître encore l'énergie dans un tems où l'avidité des richesses, l'amour effréné du plaisir, le mépris même des bienséances semblent ne plus permettre d'attacher de prix qu'à la fortune, & légitimer toutes ses voies; enfin, MESSIEURS, je vous parlerois de tout le bien que vous pouvez faire en ne cessant d'opposer à la corruption de nos mœurs l'autorité de votre exemple; & en renforçant encore l'opinion publique par la votre ; mais je me refuſe à moi même le développement de ces conſidérations générales, je les ſacrifie à la rapidité des momens que vous m'accordés, & ce ſacrifice ne me coûte pas, MESSIEURS, parce que je ſais que votre ſageſſe ne manquera pas de ſuppléer tout ce que le tems me force d'omettre.

Je vais donc me renfermer rigoureuſement dans la diſcuſſion des concluſions priſes par le ſieur Dubreuil, & de celles que prend le ſieur Deſnoyers.

MOYENS.

J'obſerve d'abord que le ſieur Dubreuil vous demande *l'évocation*, & ſi je plaidois contre tout autre que lui, c'eſt-à-dire, contre un homme moins coupable, moins familiariſé avec les délits; qui eût plus de reſpect pour l'opinion, qui fût plus ſenſible à la perte de l'eſtime publique, je m'étonnerois de ce que cet homme accuſé d'une foule de délits infiniment graves ne feroit pas le premier à vous demander la conſommation de la procédure dont il ſeroit l'objet ; qu'il ne vous ſollicitât pas lui-même d'éclairer ſa vie, qu'il ſe refusât la facilité ſi précieuſe de vous convaincre de ſon innocence ; mais c'eſt contre le ſieur Dubreuil, MESSIEURS, que je plaide, & je lui épargne des réflexions qu'il ne comprendroit pas, ou qu'il mépriſeroit.

Je ne ſuis donc pas ſurpris, MESSIEURS, qu'il demande l'évocation ; je ſens tout l'intérêt qu'il auroit à ſe débarraſſer de toutes ces procédures qui le fatiguent, & je conçois qu'en effet un Arrêt émané de vous, & qui le déclareroit innocent feroit un ſecours bien puiſſant pour lui dans l'état d'angoiſſe où doit le jetter ſa propre conſcience. Mais cette évocation qu'il demande, MESSIEURS, pouvez-vous la prononcer ?

Pouvez-vous évoquer ſur des délits auſſi graves?

Pouvez-vous évoquer ſur cinq procédures auſſi compliquées?

Pouvez-vous évoquer avant la fin de cette deſcription que vous-même avez ordonnée, & dont le réſultat doit avoir une ſi grande influence ſur votre Arrêt?

Je ne développe pas ces queſtions, MESSIEURS, je crois qu'il me ſuffit de les propoſer.

L'évocation dans cette affaire, ſuppoſeroit de votre part deux choſes.

D'abord une connoiſſance profonde non ſeulement de toutes les charges que renferment les cinq procédures dont le ſieur Dubreuil eſt l'objet, mais des pieces même de tout genre qui ſont déja décrites dans le verbal que vous avez cru devoir ordonner.

En ſecond lieu la conviction intime de l'innocence du ſieur Dubreuil, relativement à toutes ces charges & toutes ces pieces.

Or premiérement, MESSIEURS, j'oſe dire qu'il eſt impoſſible que vous puiſſiez acquérir à l'audience la connoiſſance de toutes les charges des cinq procédures, & ſur-tout de toutes les piéces mentionnées dans la deſcription.

Secondement, qu'il eſt en quelque ſorte plus impoſſible encore que lorſque vous aurez vu ces piéces & ces charges, le ſieur Dubreuil puiſſe vous paroître innocent.

Je ne crains donc pas que vous évoquiez, MESSIEURS; je le crains même d'autant moins, que vous ne prendrez jamais ſur votre juſtice d'arrêter une deſcription auſſi importante, auſſi précieuſe dans la cauſe, auſſi néceſſaire pour l'exemple public, que celle que vous avez ordonnée; une deſcription qui ſe fait à la requête & aux frais du ſieur Deſnoyers; une deſcription qui a déjà révélé les faits les plus graves, & qui vous donnera toutes les lumieres que vous pouvez desirer sur chacun des délits imputés au sieur Dubreuil, & dont une partie est dans ce moment sous vos yeux.

Vous l'avez ordonnée, MESSIEURS, cette description, voilà votre loi.

En l'ordonnant, vous avez imposé au sieur Desnoyers une dépense considérable, vous ne pouvez donc pas lui en ravir le fruit.

Je ne crains donc pas que vous évoquiez.

Je dirai plus, MESSIEURS, c'est qu'à quelque point que le sieur Dubreuil feigne de porter ici la confiance, il est bien éloigné d'en oser concevoir l'espérance; tout ce qu'il desireroit, c'est que vous convertissiez ses décrets; c'est-à-dire que vous enlevassiez à ses créanciers le gage le plus important dont ils puissent demeurer saisis, qui est sa personne; c'est que vous lui donnassiez la liberté de se dérober à votre vengeance; c'est que vous lui fournissiez la facilité d'emporter avec lui, dans une terre étrangere, & les dépouilles de tous les peres de famille qu'il a ruinés, & les ressources qu'il sauroit bien parvenir encore à soustraire à leurs besoins & à leurs recherches: voilà, MESSIEURS, ce qu'il désireroit; mais c'est-là aussi ce qu'il est impossible que vous lui accordiez, & il ne me sera pas difficile de vous en convaincre.

Le sieur Dubreuil est appellant d'un décret de prise de corps, décerné contre lui à la requête du sieur Desnoyers.

Si ce décret à été fondé, MESSIEURS, vous devez mépriser l'appel qui en a été interjetté par le sieur Dubreuil.

La seule question à examiner, est donc de savoir si ce décret à été fondé.

Pour la décider, cette question, il faut se fixer sur la

nature de l'accusation, & sur les preuves qui l'établissent.

L'accusation du sieur Desnoyers porte sur trois délits principaux.

Abus de confiance.

Suppression de minutes.

Banqueroute frauduleuse.

En articulant ces délits, MESSIEURS, je suis d'abord dispensé de discuter cette question particuliere, & tant agitée par le défenseur du sieur Dubreuil; celle de savoir s'il y avoit lieu ici à la voie criminelle, ou seulement à la voie civile: car je ne crois pas qu'on puisse sérieusement poser en principe, qu'on n'ait pas le droit de poursuivre par la voie criminelle, un Notaire accusé d'abus de confiance, de banqueroute frauduleuse, & de suppression de minutes; c'est-à-dire de ce qu'il y a presque de plus grave en fait de délits.

Le titre de l'accusation indique seul la voie criminelle.

Il ne reste donc plus qu'à rechercher si cette accusation est établie.

Or, là dessus, MESSIEURS, voici mes preuves : elle seront sommaires.

1er. délit. Abus de confiance.

Je commence par l'abus de confiance; & ici, MESSIEURS, je n'ai pas heureusement besoin de vous présenter de définition, ni de vous poser de principes. Le défenseur du sieur Dubreuil (1) a bien voulu m'en épargner lui-même le soin; il est convenu, & il étoit bien impossible qu'instruit & délicat comme il l'est, il ne rendît pas cet hommage aux regles; il est convenu que tout Notaire qui, au lieu de s'occuper des intérêts de ses cliens, convertissait leurs

(1) Me Martineau.

deniers

niers à ſon propre uſage, commettoit ce que la raiſon, le ſentiment & l'honnêteté, appellent *abus de confiance*, & ſe rendoit coupable d'un délit grave.

Je n'en demande pas plus, MESSIEURS; je parts de ce principe même, & je dis que le ſieur Dubreuil s'eſt rendu coupable envers le ſieur Deſnoyers, d'abus de confiance.

Je fonde cet abus de confiance ſur deux faits principaux, que je prends dans la plainte parmi tous les autres, pour abréger.

L'un, l'envahiſſement de preſque toute la fortune du ſieur Deſnoyers, & les engagemens bien au-deſſus de ſes forces, que le ſieur Dubreuil lui a fait contracter.

L'autre, la multitude de ſignatures qu'il lui a extorquées pour des actes qui, par leur nature, ſe prêtoient à l'abus le plus capable de porter préjudice au ſieur Deſnoyers.

Sur le premier point, MESSIEURS, vous avez déjà vu mes preuves.

Le ſieur Deſnoyers avoit des contrats; il avoit des capitaux rembourſés, il avoit des ſommes avantageuſement colloquées, en un mot, il avoit un actif précieux; & la plus grande partie de cette fortune a paſſé dans les mains du ſieur Dubreuil qui l'a dévorée.

Je prouve ces diſſipations du ſieur Dubreuil, MESSIEURS, par les fameux écrits du 5 Mars, contenant promeſſe de conſtitution de rente, pour cent ſeize mille & quelques cens livres, au ſieur Deſnoyers; & je demande ce que c'eſt que ces promeſſes, ces engagemens perſonnels du ſieur Dubreuil, ces vains chiffons qu'il abandonne au ſieur

Desnoyers, à la place de cette fortune si réelle & si solide; que ce pere de famille avoit dans ses mains?

Voulez-vous même, MESSIEURS, que je vous donne un exemple particulier de la confiance que le sieur Desnoyers doit avoir dans ces promesses qui lui ont été faites par le sieur Dubreuil? le voici; il mérite d'être remarqué.

En 1781, le sieur Dubreuil reçoit une somme de trente-deux mille livres des sieurs & dame Cadier, ses sœur & beau-frere; il la reçoit, & fait obliger le sieur Desnoyers envers les sieur & dame Cadier, pour cette somme qu'il avoit touchée.

A l'échéance du terme porté par l'obligation, les sieur & dame Cadier pressent le sieur Desnoyers. Le sieur Dubreuil sollicite un délai pour lui. Il est accordé. Il en sollicite ensuite un second. Il est accordé encore, mais à condition qu'on payeroit deux mille livres sur les trente-deux. On paye ces deux mille livres. Le second délai expiré, on poursuit le sieur Desnoyers; on menace de saisir ses meubles. On le traduit dans les Tribunaux; & aujourd'hui, MESSIEURS, il est en instance à la Grand'-Chambre, avec les sieur & dame Cadier, pour le payement de cette somme que le sieur Dubreuil a reçue.

Le 5 Mars, le sieur Desnoyers se plaint vivement de cette perfidie au sieur Dubreuil; & le sieur Dubreuil, qui est forcé de la reconnoître, s'engage à lui faire une rente de quinze cens livres, représentative des trente mille livres pour lesquelles il l'avoit lui-même obligé.

Muni de cette promesse, le sieur Desnoyers la fait offrir aux sieur & dame Cadier, pour les remplir des trente mille livres qu'ils reclamoient, & dont il n'étoit pas débiteur, les sieur & dame Cadier la refusent avec mépris, & poursuivent encore leur procès.

Voila, MESSIEURS, le cas qu'on fait dans la propre famille du ſieur Dubreuil, des engagemens qu'ilcontracte; jugez à préſent de la poſition du ſieur Deſnoyers.

Mais ce n'eſt pas ſous ce point de vue, MESSIEURS, que j'enviſage dans ce moment les écrits du 5 Mars; je vous les préſente comme la preuve des diſſipations du ſieur Dubreuil, & de l'horrible abus qu'il a fait des la confiance du ſieur Desnoyers.

Que peut-il oppoſer contre ces écrits?

Dira-t-il qu'il avoit acheté les contrats du ſieur Deſnoyers? D'abord, MESSIEURS, il en impoſeroit: car dans cette foule immenſe d'actes qui ont été extorqués au ſieur Deſnoyers par le ſieur Dubreuil, il n'y en a pas un ſeul qui ſoit paſſé entr'eux deux ſous le véritable nom de l'un & de l'autre.

Je lui répondrai enſuite qu'il étoit le Notaire du ſieur Deſnoyers, & qu'ainſi il n'avoit pas le droit d'acheter de lui, parce qu'un Notaire ne peut pas acheter d'un homme qui eſt ſon client.

Dira-t-il, comme il l'a déja prétendu, qu'il y a deux hommes dans un Notaire, l'homme particulier & l'homme public? que c'eſt l'homme particulier qui contracte, que les Notaires ſont des citoyens, qu'ils peuvent s'engager par-tous les actes par leſquels les citoyens ordinaires s'engagent dans la ſociété?

Oui, les Notaires ſont des citoyens; ils peuvent s'engager par tous les actes par leſquels on s'engage dans la ſociété, mais jamais & par aucun acte avec leur clients.

Au ſurplus il n'y a pas même ici d'acte; il n'y a aucune trace d'acquiſition ou de vente faite entre le ſieur Deſnoyers & le ſieur Dubreuil privativement; il n'y a aucun contrat passé entr'eux, & retenu par un Notaire étranger. L'usurpation frauduleuse des effets du sieur Desnoyers est donc, de la part du sieur Dubreuil, un véritable abus de confiance.

Un autre abus de confiance, MESSIEURS, non moins scandaleux, ce sont les engagemens immenses qu'il a fait contracter au sieur Desnoyers, & les propriétés chimériques qu'il lui a laissées.

Je ne reviens pas sur ces engagemens, MESSIEURS, vous les avez vus.

Le sieur Dubreuil a cru se justifier en vous disant que tous les engagemens dont parloit le sieur Desnoyers, étoient couverts par les propriétés qu'il avoit acquises & qui étoient encore dans ses mains. Il vous a fait là-dessus un calcul fort éblouissant, mais qui malheureusement n'avont pas de base.

Moi, MESSIEURS, je vais vous en faire un auquel je ne connois pas de réponse.

Voici ce que mon client présent à l'Audience me charge formellement d'adresser au sieur Dubreuil, & dont il l'invite à demander acte.

Vous prétendez que vous m'avez fait acquérir plus de propriétés que vous ne m'avez fait contracter d'engagemens; vous supposez que mes biens s'élèvent à plus de quatre cent quelques mille livres; vous mettez en fait que je n'ai rien perdu de ce que j'avois, eh bien! consentez à m'affranchir de mes engagemens, prenez toutes les propriétés que vous m'avez laissées, joignez y les cent seize mille & quelques cents livres, pour lesquelles vous êtes obligé envers moi, & donnez-moi seulement une ſomme cautionnée de cinquante mille livres, & je ſigne cet acte demain.

Ce ne ſont pas là, Messieurs, des calculs ſans preuves; c'eſt une offre nette & préciſe, & le plus grand bonheur du ſieur Deſnoyers ſeroit que le ſieur Dubreuil pût accepter cette offre & l'exécuter.

Un autre abus de confiance, Messieurs, c'eſt une quantité incroyable de ſignatures extorquées au ſieur Deſnoyers par le ſieur Dubreuil, pour l'enſevelir dans le précipice qu'il avoit creuſé ſous ſes pas.

A cet égard je n'ai qu'un mot, mais un mot malheureuſement effrayant.

On a déja trouvé ſous les ſcellés & on a décrit une foule immenſe d'actes tous relatifs au ſieur Deſnoyers, & qui prouvent que le ſieur Dubreuil ſe ſervoit habituellement de ſon nom pour une multitude d'opérations qui ne concernoient que lui même.

Parmi tous ces actes, Messieurs, je ne citerai que ceux-ci.

On a trouvé *quatorze* procurations en blanc, & dans pluſieurs deſquelles la date même eſt en blanc, & toutes tendantes à dépouiller le ſieur Deſnoyers par des ventes, des conſtitutions, des cautionnemens ou des emprunts.

On a trouvé *ſoixante-quinze* billets au porteur, tous le nom du porteur en blanc, tous ſignés du ſieur Deſnoyers, pluſieurs écrits de la main du ſieur Dubreuil, quelques-uns portant les mots *valeur reçue*, & le nom en blanc, quelques-autres même nommant ceux qui étoient préſumés avoir fourni les valeurs, & pour des ſommes, dit-on, exceſſives.

Voila les découvertes que la deſcription a fournies, &

elle n'eſt encore que commencée ; voilà les preuves du ſieur Deſnoyers.

Je ne crois pas avoir beſoin d'inſiſter ſur ces faits ; ils parlent d'eux-mêmes : toutes les réflexions que je pourrois faire ne pourroient que les affoiblir. Que le ſieur Dubreuil nie à préſent, s'il le peut, l'abus de confiance, je ne ſuis que trop diſpenſé de lui répliquer.

Deuxieme délit, ſuppreſſion des minutes.

Quant au délit de ſuppreſſion de minutes qui forme auſſi un des objets principaux de la plainte, vous vous rappellez, MESSIEURS, que le ſieur Dubreuil vous a parlé d'une minute demandée par le ſieur Deſnoyers, & qui s'étoit retrouvée chez Me Perron ; qu'il a même fait grand bruit de cette erreur du ſieur Deſnoyers, qui ne prouve pourtant de ſa part que l'ignorance où il le laiſſoit de ſes propres actes, & qu'à ce propos il l'a traité cent fois de *calomniateur*.

Eh bien, MESSIEURS, moi je vais prouver cette accuſation du ſieur Deſnoyers.

Je ne vous parlerai pas des minutes détournées par le ſieur Dubreuil, & qu'on a trouvé chez la dame Gruel, quoique celles-là fuſſent bien toujours une preuve du délit qui lui eſt imputé, parce que ces minutes n'intéreſſoient pas perſonnellement le ſieur Deſnoyers (1) ; mais je vous dirai qu'on a trouvé parmi les papiers du ſieur Dubreuil, deux minutes qui le concernoient.

L'une du 28 Mai 1779.

(1) Le procès-verbal fait par la Compagnie des Notaires, le 25 Janvier 1785, de l'autorité de M. le Lieutenant-Civil, & dépoſé chez Me Lambot, Greffier de cette Compagnie, prouve auſſi la ſouſtraction de pluſieurs minutes. M. l'Avocat-Général pourra ſe faire rapporter ce procès-verbal, & il ſe convaincra par lui-même de ce fait. On dit également qu'on a trouvé dans la deſcription les minutes de *vingt-quatre teſtamens* qui avoient été ſouſtraits par le ſieur Dubreuil.

L'autre du 29 Mai de la même année.

Sans compter celles qu'on découvrira encore dans la ſuite de la deſcription.

Voilà, MESSIEURS, comment le ſieur Deſnoyers répond aux invectives du ſieur Dubreuil.

Toute réflexion ſeroit encore ici inutile. Je livre ce fait important, MESSIEURS, à votre ſageſſe. Il eſt bien eſſentiel pour l'ordre public, pour le repos des familles, pour le vôtre même, que vous preniez en conſidération un tel abus pour y remédier.

Le Défenſeur du ſieur de Saint-Léger, (1) vous a cité l'exemple d'un des Parlemens du royaume qui, frappé de la facilité funeſte qu'avoient les Notaires de ſouſtraire des minutes à la connoiſſance de leurs ſucceſſeurs ou de leurs clients, & de la néceſſité de la réprimer, avoit cru devoir ordonner un paraphe de leur répertoire par le Juge tous les ſix mois. Il auroit pu, MESSIEURS, vous citer le vôtre. Ce que le Parlement de Rouen a ordonné tout récemment, en 1769, vous l'aviez vous-même ordonné il y a plus de cent ans & ce Parlement l'a reçu de vous. Vous avez rendu en 1655 & le 27 Février, un Arrêt de réglement qui enjoint aux Notaires incontinent après qu'ils auront fait ſigner leurs minutes par les parties, de les porter ſur leur répertoire, & de faire parapher leurs répertoires par les Syndics des Notaires, tous les ſix mois. Cet Arrêt, MESSIEURS, eſt rapporté comme imprimé dans les manuſcrits de Me Secouſſe, & il eſt cité auſſi par Brillon. Brillon même ſe plaint que déja de ſon temps on négligeoit de l'exécuter, & ſur les renſeignemens que j'ai pris, moi-même, j'ai été inſtruit qu'en

(1) Me Godart.

effet il ne l'étoit pas. Il seroit digne de vous, MESSIEURS, de saisir l'occasion de cette affaire, sur laquelle toute la Capitale a les yeux, pour renouveller avec éclat un Réglement si sage, & forcer les Notaires enfin à le suivre ; vous voyez que vous avez toutes les pensées utiles, mais on néglige de s'y conformer, & vos leçons les plus importantes se trouvent perdues ainsi pour la société.

Je reviens, MESSIEURS, au sieur Desnoyers.

Troisieme délit. Banqueroute frauduleuse.

Le troisième sujet de sa plainte, c'est la banqueroute frauduleuse dont il a accusé le sieur Dubreuil, & qui est devenu le motif & le fondement de la description.

Sur ce point encore, MESSIEURS, je serai bien sommaire.

Je pourrois vous citer, pour établir cette banqueroute frauduleuse du sieur Dubreuil, une foule d'actes trouvés sous les scellés, & qui prouvent de sa part le déguisement dont il a usé, & les combinaisons même multipliées qu'il a mises en œuvre pour soustraire une partie au moins de son actif, à la connoissance de ses créanciers.

Je pourrois vous citer le procès-verbal de perquisition fait chez la dame Gruel, & les papiers qui ont été décrits dans le verbal & dont quelques-uns sont encore des titres actifs dérobés par le sieur Dubreuil à ses Créanciers ; mais j'aime mieux, MESSIEURS, opposer au sieur Dubreuil une preuve particulière, une preuve émanée de lui, une preuve émanée de lui, même depuis qu'il est dans les prisons, & contre laquelle il lui sera impossible de proposer la moindre objection.

Cette preuve, MESSIEURS, est un acte passé le 6 Mai dernier, devant Me Boulard, & dans lequel le sieur Dubreuil déja décrété de prise de corps, & détenu au Châtelet, a été forcé de reconnoître la simulation de plusieurs actes par lesquels il avoit faussement converti en dépôt volontaire dans les mains de Me Gibert une somme de *cent dix mille livres* qui lui étoit due par Me Gibert, sur le prix de sa charge.

Voici le fait en deux mots.

Me Gibert avoit acheté l'office du sieur Dubreuil, lui avoit payé partie du prix, & lui devoit encore cent dix mille livres.

Six oppositions avoient été formées par différents créanciers du sieur Dubreuil sur cette somme encore due par Me Gibert.

Le sieur Dubreuil, qui en fut averti, & qui craignit un plus grand nombre d'oppositions proposa alors à Me Gibert de lui donner une quittance fictive de cette somme de cent dix mille livres à la charge des six opposans, & de laisser toujours la somme dans ses mains à titre de dépôt volontaire, fait sous le nom de tierces personnes que le sieur Dubreuil avait engagées, en les trompant, à se prêter à cet artifice.

Me Gibert, Messieurs, dont l'honnêteté & la délicatesse sont connues, résista; il représenta au sieur Dubreuil qu'il ne pouvoit pas faire ce qu'il lui proposoit sans se consulter; il vit en effet là-dessus avec le sieur Dubreuil les conseils de sa famille qui, séduits eux-mêmes par ce Notaire qui s'est fait depuis long-temps un art de la séduction, & qui leur déguisoit d'ailleurs ses motifs, lui assurèrent qu'il le pouvoit sans se compromettre.

Me Gibert alors se laissa aller.

Cependant bientôt après craignant d'être compromis

& ne voulant rien avoir à se reprocher, sur une démarche dans laquelle il avoit été entraîné comme malgré lui, & à laquelle il n'avoit aucun intérêt, il alla déposer sa déclaration chez un Commissaire, consigna dans cette déclaration les faits tels qu'ils s'étoient passés, & consentit qu'une expédition de cette déclararation même fût délivrée à tout créancier qui se présenteroit pour la requérir.

Je n'ai pas besoin maintenant, Messieurs, de vous dire que dans l'acte passé devant Me Boulard & où le sieur Dubreuil fut forcé par les plaintes des différentes personnes du nom desquelles il s'étoit permis d'abuser, de reconnoître la fiction de la quittance qu'il avoit donnée à Me Gibert, & la simulation des dépôts qu'il avoit ensuite fait dans ses mains, il a cherché à pallier le motif de ces déguisemens & de ces fictions; mais le fait est plus puissant que tous ses détours; l'acte prouve évidemment le dessein coupable qu'a eu le sieur Dubreuil de frustrer ses Créanciers de la somme qui lui étoit due par Me Gibert; & la déclaration d'ailleurs de Me Gibert, faite dès le 22 *Septembre* 1784 (1), c'est-à-dire, bien antérieurement à toutes les plaintes, le constate de maniere à ne pas laisser seulement de prétexte au doute.

La banqueroute frauduleuse, Messieurs, est donc ici bien manifestement établie.

Elle l'est comme la suppression des minutes.

Elle l'est comme l'abus de confiance, comme l'envahissement de la fortune du sieur Desnoyers, comme les

(1) Cette déclaration de Me Gibert, est déposée chez le Commissaire Gueulette; & le sieur Desnoyers en rapporte une expédition.

manœuvres à l'aide desquelles on lui a surpris une foule de signatures destinées à augmenter encore sa détresse ; en un mot, elle l'est comme tous les autres délits commis par le sieur Dubreuil ; & se joignant elle-même à tous ces délits, & formant avec eux un corps d'accusation entouré déja & fortifié de toutes ses preuves, elle devient un obstacle invincible, je ne dis pas, MESSIEURS, à ce que vous puissiez évoquer, je ne dis pas à ce que vous puissiez déclarer le sieur Dubreuil *innocent*, je ne dis pas à ce que vous puissiez condamner ses accusateurs à des réparations envers lui, mais à ce que vous puissiez adoucir seulement ses décrets de prise-de-corps.

Et pourquoi en effet, MESSIEURS, vous écartant vous-mêmes de vos principes, & faisant violence à votre attachement pour la regle, tempéreriez-vous pour le sieur Dubreuil la rigueur des loix ? de quel droit vous inspireroit-il le moindre intérêt? Oublieriez-vous tout ce qu'il a fait? oublieriez-vous toutes ces familles dans lesquelles il a porté la désolation, & qu'il a réduit à la plus profonde indigence ? oublieriez-vous ce sacrifice perpétuel des loix de l'honneur? cet abus horrible & constant des fonctions les plus importantes ? ce lâche abandon des intérêts les plus inviolables ? cette résolution, pour ainsi dire, désespérée de s'enrichir par toutes les voies? Et le sieur Dubreuil, MESSIEURS, ose vous parler de ce qu'il souffre depuis un an qu'il est dans les fers : il vous demande de la pitié. . . De la pitié ! MESSIEURS ; est-ce que vous avez de la pitié à accorder aux hommes coupables, vous que la Loi n'eleve au-dessus de leur tête que pour les punir? De la pitié !.... c'est aux victimes du sieur Dubreuil, MESSIEURS, que vous la devez toute entiere, & non pas à lui. Voyez les malheureux qui ſont devant vous ; voyez ſur-tout celui dont je vous porte ici les gémiſſemens; voyez-le deſcendu de la fortune dans la pauvreté, forcé de ſe refuſer toutes les jouiſſances, de s'impoſer toutes les privations, réduit à vivre ſans le ſecours d'aucun domeſtique, habitant, au haut de ſa maiſon, la chambre de ſon ancien laquais; n'ayant pour ſa femme & pour ſes enfans qu'un loyer de 250 livres, & ne pouvant ſe ſouſtraire aux pourſuites de ſes créanciers que par un Arrêt de ſurſéance, qui ne ſert qu'à lui rappeller encore ſes malheurs: voyez ſa femme obligée de partager ſon infortune, ſans avoir participé à ſon imprudence: voyez ſes enfans fruſtrés dès leur naiſſance d'un patrimoine conſidérable auquel leur naiſſance même les appelloit. Voilà, MESSIEURS, ceux à qui vous devez de la pitié, voilà le ſpectacle que je laiſſe devant vos yeux, & que je voudrois pouvoir graver au fond de vos cœurs. Prononcez à préſent ſur les réclamations que vous préſente le ſieur Dubreuil, & jugez ſi le cruel artiſan de tant de maux n'a pas mérité le ſort qu'il éprouve.

Signé BOUCHER DESNOYERS.

Monſieur HÉRAUT DE SECHELLES, Avocat Général.

Me DE SEZE, Avocat.

FLAMENT, Procureur.

PIECES JUSTIFICATIVES.

N°. I. 22 *Mai 1784*.

JE soussigné, compte fait avec M. Desnoyers, reconnois lui devoir la somme de *quarante-quatre mille* livres, pour laquelle somme je lui payerai trois mille livres de rente, dont dix-huit cents livres de rente viagere, savoir; neuf cents livres sur la tête de M. Desnoyers & de son fils; pareille somme de neuf cents livres sur la tête de Madame Desnoyers & de sa fille, sur le pied de neuf pour cent, & douze cents livres de rente perpétuelle, au principal de vingt-quatre mille livres.

Je passerai contrat de constitution pardevant Notaires, à la premiere réquisition de M. Desnoyers.

Je pourrai me libérer de tout ou partie, desdites douze cents livres de rente perpétuelle, quand je jugerai à propos, & même de la rente viagere, en rendant tout ou partie desdites quarante-quatre mille livres, au prorata de la constitution ci-dessus, fait double à Paris ce 22 Mai 1784.

Je promets fournir dans un an, de ce jour, à M. Desnoyers un privilége, pour raison de ces rentes, soit sur immeubles, soit sur charge de finances ou autres, soit enfin sur des fonds d'avance dans des affaires autorisées de l'administration, comme Ferme générale, Régie, Domaine, ou autre de cette espece, à l'appui, & pour sûreté desdites rentes, pour *quarante-quatre mille* livres de créances privilégiées. *Signé* DUBREUIL.

N° II. 5 *Mars 1785*.

Je soussigné promets fournir à M. Desnoyers, dans le courant de Mars mil sept cent quatre-vingt-huit, pour *cinquante-trois mille livres de privilége*, soit sur les immeubles réels ou fictifs, soit sur les brevets de retenue, soit enfin sur récépissés de caisse; le tout pour d'autant plus de sûreté des rentes, que je dois sans retenue au principal de cinquante-trois mille livres à M. Desnoyers, au moyen de ces privilèges & après leur fournissement, mes biens seront & demeureront affranchis de tous hypothèques, & je pourrai les vendre, en toucher le prix sans être arrêté par aucune opposition de M. Desnoyers, même pour raison des rentes que je pourrois devoir à M. Desnoyers, par simple hypothèque, attendu que cet affranchissement est une condition essentielle des constitutions par moi souscrites à son profit.

Fait double à Paris, ce 5 Mars 1785, *signé* DUBREUIL.

N°. III. 5 *Mars 1785.*

Je soussigné promets payer à M. Desnoyers, quatre cents livres de rente perpétuelle, sans retenue, dont les arrérages à compter de ce jour, se paieront en deux termes égaux aux premiers jours de Janvier & Juillet de chaque année.

J'ai reçu de M. Desnoyers, huit mille livres en différens transports, sans garantie, qu'il m'a fait ce jourd'hui, je lui passerai contrat de constitution à sa volonté, *mais j'aurai le choix du Notaire chez lequel le contrat sera passé.*

Fait double entre nous, à Paris ce 5 Mars 1785.

Signe DUBREUIL.

N°. IV. 5 *Mars* 1785.

Je paierai à M. Desnoyers cinq cents livres de rente, au capital de dix mille livres qu'il m'a *cejourd'hui remis*, valeur & des effets cédés par lui.

Je passerai contrat de constitution à la volonté de M. Desnoyers, mais de convention expresse (1), *il ne pourra pour sureté de cette rente former aucune opposition, ni exiger aucun emploi, tous mes biens seront affranchis d'hypothèques à cet egard.* A Paris ce 5 Mars 1785.

Signé DUBREUILH.

N° V. 5 *Mars* 1785.

Je soussigné reconnois qu'au moyen *des différens transports qui m'ont été faits aujourd'hui par M. Desnoyers* (2); je suis aujour-

(1) Nous prions qu'on remarque cette clause.

(2) Déguisement du contrat de Montalembert.

d'hui chargé de payer en ſon acquit à la ſucceſſion de M. Vernier, *deux mille cinq cents livres de rente*, *au principal de 50000 livres* à prendre, & faiſant partie de 4500 liv. de rente, au principal de 90000 livres conſtituées au profit de la ſucceſſion par M. Boucher Deſnoyers.

Je m'oblige en conſéquence de payer annuellement la portion de rente en l'acquit de M. Deſnoyers, à ladite ſucceſſion, tant que cette rente exiſtera.

J'ai reçu pour cela la ſomme de 50000 livres dans les créances qui m'ont été tranſportées ſans garantie par M. Deſnoyers.

Fait double entre nous, à Paris ce 5 Mars 1785. *Signé* DUBREUIL.

N°. VI. *5 Mars 1785.*

Je ſouſſigné promets payer à M. Boucher Deſnoyers, quinze cents livres de rente perpétuelle ſans retenue, dont les arrérages ſeront payées par ſix mois, en Janvier & Juillet de chaque année.

J'ai reçu pour cette conſtitution la ſomme de trente mille livres en diverſes créances que M. Deſnoyers m'a cejourd'hui tranſportées ſans garantie.

Je lui paſſerai contrat de conſtitution de cette ſomme à ſa volonté & premiere réquiſition.

Fait double entre nous, à Paris ce 5 Mars 1785. *Signé* DUBREUILH.

N°. VII. *5 Mars 1785.*

Je promets faire enſorte que M. Boucher Deſnoyers ne ſoit pas inquiété, pourſuivi, ni recherché pour raiſon du paiement d'une ſomme de trente mille livres qu'il redoit à M. & Madame Cadier (1), ſur celle de trente-deux mille livres, montant d'une obligation ſouſcrite au profit de M. & Madame Cadier, devant Me Peron, Notaire, le 14 Juin 1780, ou en tout cas l'acquitter, garantir & indemniſer de toutes choſes à ce ſujet; c'eſt-à-dire, prolonger & renouveller ladite obligation, ou lui fournir deniers ſuffiſans pour l'acquitter, bien entendu qu'en ce cas, M. Deſnoyers ſera toujours débiteur de la ſomme de trente mille livres envers M. & Madame Cadier, ſoit vis-à-vis de moi, ou telle perſonne qui lui fourniroit les deniers, & ſouſcriroit pour raiſon

(1) Somme touchée par le ſieur Dubreuil ſeul, & pour laquelle le ſieur Deſnoyers eſt aujourd'hui pourſuivi en la Grand'Chambre par les ſieur & Dame Cadier.

de cela, telle obligation qu'il appartiendroit : cette obligation eſt par moi contractée, pour faire plaiſir à M. Deſnoyers, le tranquilliſer ſur le paiement de cette obligation, & parce que je lui dois différentes ſommes à conſtitution de rente. Fait double, à Paris, ce 5 Mars 1785. *Signé* DUBREUIL.

N°. VIII. *5 Mars 1785.*

Je ſouſſigné, au moyen de nos arrangemens particuliers, & des ſommes à moi prêtées par M. Deſnoyers, à conſtitution de rente ; promets faire enſorte qu'il ne ſoit pas inquiété, pourſuivi, ni recherché au ſujet d'une quittance de *treize mille cinq cents cinquante-une livres* (1) un ſol ſix deniers, qu'il ma donné comme créancier de Madame Ponſed, ou en tous cas l'acquitter, garantir & indemniſer de tous événemens. A Paris, ce 5 Mars 1785. *Signé* DUBREUIL.

N°. IX. *5 Mars 1785.*

Je payerai à M. Deſnoyers, ſoixante-quinze livres par chaque année, tant qu'il reſtera propriétaire des créances Rayet, de la charge de Secrétaire du Roi, dont M. Denis eſt pourvu, & des maiſons Faudon, ſituées Iſle Saint-Louis. A Paris, ce 5 Mars 1785, *Signé* DUBREUIL.

N°. X. *5 Mars 1785.*

Les ſouſſignés reconnoiſſent avoir de nouveau compté entr'eux, des différens objets reçus l'un pour l'autre juſqu'à ce jour, & s'être reſpectivement fait raiſon de tout ce qu'ils pouvoient ſe devoir ; au moyen de cela, ils annullent mutuellement toutes quittances, billets & reconnoiſſances qu'ils peuvent s'être donnés autres toutes fois que celle portant décharge en faveur l'un de l'autre, leſquelles décharges ſubſiſtent en leur entier.

M. Deſnoyers reſte créancier, tant des rentes conſtituées à ſon profit, ce jourd'hui, que de celle portée en la promeſſe de paſſer contrat du 22 Mai dernier, dont quittance & décharge générale. *Signé* DUBREUIL. Fait double, ce 5 Mars 1785.

(1) Quittance extorquée au ſieur Deſnoyers pour une ſomme qui étoit due par le ſieur Dubreuil, & à raiſon de laquelle il étoit pourſuivi.

De l'Imprimerie de PRAULT, Imprimeur du Roi, quai des Auguſtins.

www.ingramcontent.com/pod-product-compliance
Lightning Source LLC
LaVergne TN
LVHW012009160826
845678LV00002B/729